ÉTUDE

SUR

ANTOINE DE GOVÉA

(1505-1566)

PAR

EXUPÈRE CAILLEMER

PROFESSEUR A LA FACULTÉ DE DROIT DE GRENOBLE

PARIS	CAEN
A. DURAND, Libraire-Éditeur	LE BLANC-HARDEL, Imprimeur
Rue des Grès, 7	Rue Froide, 2

1864

ÉTUDE

SUR

ANTOINE DE GOVÉA

ÉTUDE

SUR

ANTOINE DE GOVÉA

(1505-1566)

PAR

EXUPÈRE CAILLEMER

PROFESSEUR A LA FACULTÉ DE DROIT DE GRENOBLE

*Extrait des Mémoires de l'Académie impériale des Sciences, Arts
et Belles-Lettres de Caen*

PARIS	CAEN
A. DURAND, Libraire-Éditeur	**LE BLANC-HARDEL**, Imprimeur
Rue des Grès, 7	Rue Froide, 2

1864

ÉTUDE

SUR

ANTOINE DE GOVÉA.

S'il est vrai, comme l'a écrit M. de Savigny, que
la biographie des jurisconsultes est la partie la plus
importante et la plus utile de la littérature juridique,
le XVIe siècle peut, à juste titre, réclamer l'attention
des historiens de notre Droit. Jamais, depuis cette
glorieuse phalange de juristes auxquels les premiers
siècles de l'Empire romain doivent en partie l'éclat
qui les environne, on ne vit une aussi nombreuse
réunion d'esprits éminents voués à l'étude de la
législation. Ce fut là vraiment une époque de renais-
sance. Pendant que les lois de Rome rencontraient
d'illustres interprètes, tels qu'en fournissait l'école de
Bourges fondée par Alciat, où brillaient Duaren,
Doneau et François Hotman, et des commentateurs
obéissant à la puissante impulsion de Cujas, les fon-
dements de notre législation nationale étaient jetés
par Dumoulin, d'Argentré, Étienne Pasquier et
Bodin. Aussi n'est-on nullement surpris si chacun de
ces grands jurisconsultes trouve de nos jours un

biographe et un panégyriste. — La réputation qu'ils avaient acquise de leur vivant s'est transmise jusqu'à nous, et le XIXe siècle a ratifié le jugement porté par leurs contemporains.

Mais il en est encore plusieurs qui, par l'étendue de leurs travaux ou leur valeur personnelle, occupant une place moins élevée dans la grande hiérarchie scientifique, attendent la cessation du silence au milieu duquel subsiste leur mémoire ; et cependant, eux aussi, par leurs faits et leurs œuvres, ont droit à la considération de la postérité. Grâce à la faveur qui de nos jours s'attache avec raison aux études historiques, le nombre de ces victimes de l'oubli tend à se restreindre, et le jour viendra peut-être bientôt où cette œuvre de réhabilitation sera complètement achevée.

Je veux aujourd'hui raconter, à grands traits, la vie et les travaux d'un des représentants les plus illustres de la philosophie, de la littérature et de la science du Droit au XVIe siècle, d'Antoine de Govéa (1). — Comme ses collègues et ses émules, il se trouva mêlé aux grandes controverses qui agitaient son époque, et y prit une part glorieuse ; sur tous les

----

(1) On n'est point d'accord sur l'orthographe du nom de Govéa. Beaucoup écrivent *Gouvéa*. M. le commandeur Levy-Maria Jordao, membre du Conseil du roi très-fidèle et avocat-général à la Cour de Cassation de Portugal, adoptait, dans une lettre qu'il nous a écrite récemment, ce dernier parti. — Nous avons cru cependant devoir maintenir *Govéa*, pour nous conformer à une signature autographe conservée aux Archives municipales de la ville de Grenoble.

points où son activité le porta, ses contemporains lui
assignèrent le premier rang, et le président de Thou
était l'interprète de la pensée générale lorsqu'il
écrivait : « Unus, rara hoc œvo gloria, communi
doctorum suffragio hoc adsecutus, ut et poeta elegan-
tissimus et summus philosophus et præstantissimus
juris interpres simul haberetur (1). »—Si, depuis trois
siècles, sa réputation a souffert quelque échec (2),
c'est une raison plus puissante encore pour nous
décider à mettre en lumière les titres qui le recom-
mandent à l'attention de nos contemporains (3).

(1) *Histor.* lib. XXXVIII, § 14. Éd. Londres 1733, t. II, p. 468.

(2) V. *Revue pratique de Droit français*, t. XIV, p. 555 et
t. XV, p. 287 et 382.

(3) Nous croyons cette biographie aussi complète que le permet-
taient les ressources dont nous avons pu disposer; car toutes les
recherches que nous avons faites pour découvrir l'œuvre de Van-
Vaassen (Rotterdam, 1766) ont été infructueuses, et les *Vies* que
l'on trouve dans Antoine Teissier (*Les éloges des hommes savants*
4ᵉ édit., Leyde, 1715, t. II, p. 221-226), dans David Clément
(*Bibliothèque curieuse, historique et critique*, Leipsig, 1760,
t. IX, p. 253), dans Leyckhert (*Vitæ clarissimorum Ictorum*,
Leipsig, 1686, p. 197-205), dans Bayle (*Dictionnaire historique*,
3ᵉ édit., Rotterdam, 1720, t. II, p. 1287-1289), dans Joly
(*Remarques critiques sur le Dictionnaire de Bayle*, Paris, 1748,
p. 391-399), laissent beaucoup à désirer.

Aucun travail spécial n'a été consacré à notre jurisconsulte par
son pays natal. Mais nous sommes heureux d'annoncer, et nous
croyons pouvoir le faire sans indiscrétion, que M. Jordao prépare
pour l'Académie des Sciences de Lisbonne une notice destinée à
combler cette lacune.

I.

La France ne peut se glorifier d'avoir vu naître Antoine de Govéa ; mais la vie presque tout entière de cet homme célèbre s'écoula dans notre pays, et, par un sentiment de reconnaissance pour sa patrie d'adoption, sans oublier son pays natal (1), il aimait à proclamer l'influence que notre climat et le contact de notre civilisation avaient exercée sur le développement de son intelligence (2).

Il était né en 1505 dans la petite ville de Beja, en Portugal (3), et la famille qu'il a illustrée peut déjà revendiquer, sans parler de lui, une part glorieuse dans l'histoire littéraire de ce royaume,

Je n'insisterai point sur les premières années de Govéa. Cicéron l'a dit, avec raison : Il est difficile de faire l'éloge d'un enfant, parce qu'on ne peut louer chez lui que de simples espérances, et non point encore une réalité (4). Mais les travaux du jeune Antoine firent si bien augurer de l'avenir que, lors-

(1) « Caput hoc meis potissimum Lusitanis scribitur ;.... multa ex vetere populi Romani consuetudine retinuit nostra Lusitania. » *Goveani variæ Lectiones.*

(2) « Quod cœlo gallico, in quo a teneris prope institutus fuerat, vir gratus, acceptum ferri volebat. » ,De Thou, L. XXXVIII, c. xiv, ann. 1565. Éd. Londres, 1733, t. II, p. 468.)

(3) « In oppido Julia Pacensi » τρηχεῖα, ἀλλ' ἀγαθὴ κουρο-τρόφος. *Vie de Govéa*, par André Schottus, publiée d'abord dans la *Bibliotheca hispanica*, et réimprimée par Fr. J. Leickhert, *Vitæ clarissimorum Ictorum*. p. 197-205. Leipsig, 1686.

(4) « Causa difficilis laudare puerum. Non enim res laudanda, sed spes est. » (*De Republica Libr. incert., fragmentum* 10.)

qu'il eut atteint l'âge de vingt-deux ans environ, le roi de Portugal l'envoya en France, compléter ses études aux frais du Trésor royal.

Déjà ses frères aînés s'étaient rendus à Paris près de leur oncle, Jacques de Govéa, qui dirigeait le collège de Ste-Barbe. Ce fut naturellement à cette école déjà illustre que le jeune Antoine s'adressa.

Pour se représenter les mœurs des étudiants parisiens du XVIe siècle, il ne faut point s'attacher à ce qui se passe de nos jours. On les voyait, c'est Michel de L'Hospital qui l'atteste, passionnés uniquement pour l'étude, debout à quatre heures du matin, même en hiver. Après une laborieuse préparation, ils allaient recevoir avec déférence l'enseignement de leurs maîtres, et ne quittaient l'école que pour retourner à leurs travaux, pour vérifier et discuter les textes. Vers le soir, fatigués par les travaux d'une journée aussi honorablement employée, s'ils voulaient quelque distraction, ils la demandaient aux tragédies de Sophocle et d'Euripide, à Plaute ou à Cicéron.

Govéa se conforma sans peine à ce programme, qui rencontrerait à peine de nos jours quelque adhésion isolée. Poésie, études de philosophie et travaux philologiques lui devinrent bientôt familiers. La lecture assidue des chefs-d'œuvre de la littérature lui permit, au bout de peu de temps, d'écrire en langue latine avec une grande perfection et de composer des vers fort élégants (1). Il commença même,

____

(1) « Tanta felicitate in humanioribus studiis ingenium exercuit, ut nemo purius latine scriberet, nemo versus elegantius pangeret. » (De Thou, *loc. cit.*, p. 147.)

dès cette époque, les recherches qu'il devait terminer et publier plus tard sur ses auteurs de prédilection, Cicéron, Virgile et Térence.

Aussi, après cinq ans de travaux assidus, en 1532, il obtint de la Faculté de Paris le diplôme de maître ès arts, qui lui permit de se livrer immédiatement, sur le théâtre même de ses succès, à l'enseignement des humanités.

Deux ans après, en 1534, son frère André, pour lequel il avait la plus vive affection (1), se rendit à Bordeaux pour y fonder un collége. Antoine l'accompagna et y régenta, sous sa direction, pendant deux ou trois ans.

L'étude des belles-lettres ne suffisait plus cependant à l'activité dévorante de Govéa. — Il était alors, nous l'avons dit, un genre de travaux plus en honneur que tous les autres, et pour lesquels l'esprit français paraissait merveilleusement doué. A aucune époque, on n'a pénétré, et on ne pénétrera plus avant dans la législation romaine que ne le firent les écoles françaises au XVIe siècle. On put même écrire sans exagération que, si la jurisprudence de Rome venait à se perdre subitement chez les autres nations, elle se retrouverait encore dans notre pays : « Jurisprudentia romana, si apud alias gentes exstincta esset, apud solos Gallos reperiri posset. »

Govéa qui avait quitté Bordeaux, et qui venait de passer plusieurs mois à Toulouse et à Avignon sans

____

(1) « Quicquid autem est quod effecimus, tibi damus, dicamusque, natura atque animo fratri, beneficiis parenti. » *Opera Goveani*, 1562, p. 142.

voir ses aspirations satisfaites ou réalisées, s'était fixé momentanément à Lyon. Il y faisait imprimer quelques poésies, lorsque les conseils d'Émile Ferret le décidèrent à consacrer plusieurs années à l'étude du Droit. Pendant trois ans, et sans discontinuer ses travaux littéraires, il suivit avec empressement les leçons de ce professeur qu'il mettait au premier rang des jurisconsultes de son siècle, et auquel il voua une affection toute filiale (1).

A partir de cette époque, il ne négligea jamais les études juridiques, alors même que d'autres travaux semblaient exclusivement l'absorber (2). — Il les continua même lorsqu'il fut de retour à Paris près de son oncle, qui l'avait chargé d'enseigner la philosophie (3). — Et cependant, il s'acquittait de cette importante et difficile mission avec un éclat qui nous est révélé par l'un des faits les plus curieux de l'histoire de la philosophie, et dans lequel il devait jouer un grand rôle.

(1) « Operam annos ferme tres Lugduni dedi Æmilio Ferreto, parenti alteri meo, jureconsultorum memoriæ nostræ facile principi. » (*Goveani Opera*, ed. 1562, p. 148).

(2) « Neque ex eo tempore a libris jurisconsultorum longius unquam oculos dimovimus. » (*Goveani Opera*, ed. Lugduni, 1562, p. 148.)

(3) En 1542. « Illic Antonium Goveanum vidi primum, anno a Christo nato 1542, quum doceret apud patruum. » (Vinet, *in Bibliotheca hispanica*, p. 475.)

II.

En 1536, un jeune étudiant se présentait devant la Faculté de Paris pour y obtenir le diplôme de maître ès arts (1). Il avait pris pour sujet de thèse cette prodigieuse assertion, que tout ce qui est dans Aristote n'est qu'un pur mensonge : *Quæcumque ab Aristotele dicta essent, commentitia esse.*

Grande fut la stupéfaction de ses juges ! Jamais, depuis le jour où la philosophie scolastique s'était emparée de la totalité des écoles, une tentative aussi hardie et aussi téméraire ne s'était produite. Qu'étaient, auprès de la proposition du candidat, les vagues aspirations de réforme de Roger Bacon, ou même les efforts faits par Raymond Lulle pour sortir du milieu dans lequel l'esprit philosophique du moyen-âge s'était renfermé ? — Mais ces attaques contre l'oracle de l'époque furent soutenues par Ramus avec un tel éclat, et une telle puissance d'argumentation, qu'il sut vaincre les préjugés des docteurs de la Faculté et obtint honorablement le grade qu'il sollicitait.

Ce n'était point là cependant un de ces paradoxes qu'enfante l'imagination ardente de la jeunesse, et que

(1) Pierre de La Ramée naquit en 1515. V. M. Waddington, *Ramus, sa vie, ses écrits et ses opinions*, Paris, 1856, p. 19. Il avait donc 21 ans. — Cette date n'est pas cependant admise par tous les historiens, et beaucoup fixent la naissance de Ramus en l'année 1502. V. Joly, *Remarques critiques sur le Dictionnaire de Bayle*, Paris, 1748, p. 661.

l'âge mûr tempère et corrige. — Ramus n'était que l'interprète, exagéré si l'on veut, d'une pensée encore mal définie sur laquelle les philosophes eux-mêmes cherchaient à s'aveugler. La scolastique était en effet condamnée à l'impuissance : elle se bornait à apprendre et à commenter les progrès faits dans la science par les âges qui l'avaient précédée. Elle était exclusivement une époque d'enseignement, par conséquent une époque d'enfance, stérile comme l'enfance elle-même, et ne pouvait songer à produire à son tour que lorsqu'elle aurait brisé les chaînes dans lesquelles la retenait sa méthode. — Après avoir longtemps négligé et méconnu tout travail personnel et direct, la philosophie quittait cette première période de l'existence, et sentait naître en elle certains besoins jusqu'alors ignorés, qui réclamaient leur légitime satisfaction. — La scolastique n'avait encore jamais douté d'elle-même ; le jour arrivait où elle devait jeter sur sa vie un regard inquisiteur et reconnaître que l'âge de l'observation allait remplacer l'âge des commentaires. — Ramus, en s'attaquant à Aristote que la scolastique avait pris pour base principale de ses études, obéissait donc à un besoin réel de son époque, et l'on ne sera point surpris de le voir reprendre un jour la thèse qu'il avait d'abord si brillamment défendue, et mériter par là d'être compté, avec Bacon et Descartes, parmi les pères de la philosophie moderne.

La tentative et le succès de Ramus furent bientôt connus en dehors de la Faculté. Des auditeurs nombreux, séduits par le prestige de la nouveauté, se rassemblèrent autour du jeune maître dans la

collége de l'*Ave Maria*. Plusieurs années furent consacrées à l'affermissement des croyances du philosophe novateur, qui, se trouvant enfin prêt pour
la lutte, se décida, au mois de septembre 1543, à
reprendre, sous une forme plus sérieuse et plus ra-
tionnelle, sa thèse de 1536. Ramus publia simulta-
nément deux livres, dont l'un surtout (1), s'attaquant
avec une fougue inouïe à Aristote et à ses partisans,
attira à son auteur les plus graves hostilités, et fut,
on peut le dire, la cause première de sa mort si
tragique et si regrettable.

L'Université frémit en voyant les conquêtes que
les doctrines nouvelles faisaient dans ses rangs. Le
recteur, Pierre Galland, se demanda quel adversaire il pourrait susciter à l'agresseur, et son choix
le plus heureux tomba sur Govéa. Quelques jours
s'étaient écoulés à peine depuis la publication du
livre réactionnaire, lorsque parut la défense d'Aristote
par le philosophe portugais (2). Composée dans de
telles circonstances et au milieu de pareilles conditions,
la réponse à Ramus ne pouvait être un chef-d'œuvre.
Cependant un juge, dont le témoignage ne saurait
être ici suspect, M. Charles Waddington, déclare
que le pamphlet de Govéa renferme plus d'une re-
marque judicieuse (3).

Cette controverse sur une question de méthode,

(1) *Petri Rami Veromandui Aristotelicæ animadversiones,* Paris,
1543, in-8°.

(2) *Antonii Govcani pro Aristotele responsio adversus Petri
Rami calumnias.* Paris, 1543.

(3) *Ramus, sa vie, ses écrits et ses opinions,* in-8°, p. 40.
Paris, 1856.

qui nous laisserait aujourd'hui assez indifférents, passionna l'Université à un point tel que l'intervention du Parlement fut requise, et l'affaire portée devant la la Grand'Chambre. Les conseillers, et la gravité de la question les justifie assez, crurent que, dans l'intérêt d'une bonne justice, il ne fallait point trop se hâter de résoudre ce problème insolite pour lequel les recueils de jurisprudence ne pouvaient fournir aucun élément de décision. Mais la lenteur de la procédure échauffant de plus en plus les esprits (1), François Ier évoqua l'affaire, et chargea une commission de statuer sur les mérites respectifs d'Aristote et de Ramus.

Ce tribunal, *extra ordinem*, dont le président, Jean de Salignac, avait été désigné par le roi, était composé de membres choisis par Ramus et par Aristote. Toutefois, comme le chef des Péripatéticiens ne pouvait comparaître en personne devant ses juges, on dut le faire représenter par un procureur, et ce fut Govéa, considéré comme le plus digne de ses partisans, qui fut chargé de soutenir ses théories et d'exercer ses droits. Son choix tomba sur Pierre Danès, l'un des élèves les plus remarquables de Guillaume Budé, et professeur de littérature grecque au Collége royal, et sur François de Vicomercato, professeur de philosophie. Quant à Ramus, non sans quelques difficultés, il parvint à obtenir le concours d'un ancien recteur de l'Université, Jean de Bomont,

____

(1) « ... Ad tantum ignem, qui quotidie magis ac magis flagrabat restinguendum... » V. Duplessis-d'Argentré, *Collectio judiciorum de novis erroribus*, t. II, p. 136. Paris, 1724.

docteur en médecine, et de Jean Quentin, doyen de la Faculté de Droit.

Pendant plusieurs audiences, cette juridiction assista aux chaleureuses argumentations des parties. Mais, de vives discussions s'étant élevées dans son sein, après des vicissitudes nombreuses qu'il serait trop long de raconter, et qui amenèrent la retraite des champions de Ramus (1), la Commission termina subitement ses travaux et rendit, le 1er mars 1544, un arrêt de condamnation, conçu dans les termes les plus violents pour le malheureux philosophe : — « *Censuimus Ramum temere, arroganter et impudenter* « *fecisse,* ... » — et supprimant les livres qui renfermaient sa doctrine ; Ramus devait encore s'estimer heureux d'échapper au bannissement ou aux galères, qui, aux yeux d'un trop grand nombre, eussent été le juste châtiment de sa témérité.

Dix jours après, François Ier confirmait la sentence de la Commission par lettres-patentes, enregistrées au Parlement, publiées à son de trompe, et répandues dans tout le royaume.

III.

L'heureux adversaire de Ramus, Antoine de Govéa, s'associa-t-il à ces excès ? Fut-il même vraiment heureux de cette victoire que l'Université accueillait avec des transports d'allégresse ? — Il est permis d'en douter. Car, loin de rechercher les dignités et les

_____
(1) V. M. Waddington, *loc. cit.*, p. 42-58.

récompenses que le parti vainqueur, tout-puissant à la Cour, n'eût pas manqué de lui conférer, il quitta Paris, et alla se renfermer à Bordeaux, puis à Toulouse, pour se consacrer presque exclusivement à l'étude du Droit. — Cet esprit, dont l'indépendance sur les questions religieuses et juridiques ne saurait être mise en doute, avait peut-être reconnu dans la lutte que les attaques de Ramus, pour être exagérées, n'en reposaient pas moins sur des griefs sérieux ; que le triomphe des Péripatéticiens était de ceux qui profitent plus au vaincu qu'à celui qui triomphe, et qu'il fallait enfin abandonner les errements du passé pour laisser le champ libre à la philosophie nouvelle. Tout en reconnaissant qu'il s'était trompé, il n'osa pas, sans doute, rétracter des doctrines qu'il avait pendant longtemps professées, ni déserter la cause de ses amis et de ses maîtres pour les attaquer à son tour. Ne valait-il pas mieux renoncer sans éclat à des études qui avaient pour lui perdu de leur attrait, et entrer résolûment dans cette voie qu'Émile Ferret lui avait ouverte, vers laquelle le dirigeaient les plus heureuses aptitudes, et qui lui réservait, elle aussi, de douces satisfactions ?

Ce fut à ce parti que s'arrêta Govéa, et, avant même que l'émotion causée par la défaite de Ramus soit apaisée, nous le retrouvons à Bordeaux, près de son frère André. Celui-ci devait bientôt abandonner sa patrie d'adoption, sur la demande du roi de Portugal, Jean III, pour porter dans l'Université de Coïmbre les méthodes d'enseignement qu'il avait étudiées et pratiquées dans notre pays. Antoine, qui vraisemblablement avait déjà quitté son frère pour se rendre à Toulouse, crut devoir rester en France, et consacrer résolùment à la science du Droit toutes les forces de son intelligence (1).

Ce travail assidu avait déjà porté ses fruits. Moins de deux ans après le triomphe d'Aristote, deux petits traités venaient prouver que Govéa pourrait un jour réclamer une place honorable parmi les juris-consultes. Le premier était un commentaire de la loi (2) *Imperium* (L. 3, Dig., *De Jurisdictione*, 2, 1) auquel Eginhard Baron, l'une des gloires de l'Uni-versité de Bourges, ne dédaigna pas de répondre. — Le second était relatif au droit d'accroissement. Cette dissertation obtint surtout un véritable succès, et appela l'attention du monde savant sur le nouvel interprète du Droit romain. — Il se rencontra, il est vrai, quelques esprits chagrins qui trouvaient que Govéa était encore bien jeune pour écrire sur le Droit (3). Mais le mérite de cet opuscule, attesté par des éditions nombreuses (4), était la meilleure

(1) « Id omne tempus quo Tholosæ fuimus, tanta in studio assiduitate, tantaque contentione usi sumus, ut majore non potuerimus. » (*Opera*, ed. 1562, p. 148.)

(2) *Commentarium ad leg. Imperium*, Dig., *De Jurisd. Tolosæ apud Io. Rogerium*, MDXLV, in-4°. — Une seconde édition in-8° parut l'année même à Paris. (Schottenii, Lip. bib. Suppl., 1775, p. 261.)

(3) « Duo autem reprehensorum genera nostris laboribus oppo-nuntur : aliis, quod sine duce Bartolo scribam, non placet, cum quo errare etiam honeste possem ; præpropere alii et præfestinate scribere aiunt hominem in hoc studio non senem. » (*Opera juris civilis*, 1562, p. 147.)

(4) Toulouse, 1545, 1549, 1554, in-4°. — Worms, 1661, in-8°, — et in operibus.

réponse à une pareille objection. — Cependant, si
l'on devait en croire Hotman, le livre de Govéa ne
serait qu'une série de subtilités, au lieu d'être l'œuvre
d'un vrai jurisconsulte, et Govéa lui-même l'aurait
désavoué plus tard, après l'apparition du traité de
Duaren sur le même sujet (1). — Il ne faut rien
exagérer. Assurément, la petite dissertation de Govéa
ne pourrait soutenir la comparaison avec les œuvres
savantes qui ont vu le jour à notre époque depuis
la découverte des palimpsestes de Vérone, ni même
avec le travail d'Heineccius. — Mais il se recommande
toutefois par une simplicité de méthode et une clarté
d'exposition vraiment méritoires pour cette époque,
et que des écrivains, plus exacts et plus complets,
pourraient certes lui envier. — Le témoignage
d'Hotman est à bon droit suspect, parce qu'il n'est pas
assez désintéressé. Ses aspirations ardentes vers
l'unité de législation l'avaient rendu injuste pour tout
ce qui favorisait l'étude du Droit romain, considéré
par lui comme le principal obstacle à la réalisation
de ses désirs (2).

Un autre grief plus considérable était imputé à
Govéa. On accusait l'indépendance de son esprit
qui ne faisait point de Bartole son guide habituel,
et ne se croyait pas tenu d'abdiquer devant les sen-

(1) « Sententiam hujus legis, ut ante me fortasse nemo, ita
neque ante hunc diem ego intellexi. » (V. la *Vie de Govéa*, par
A. Schott, réimprimée à Leipsig en 1686, par Leyckhert, *Vitæ
clariss. Ictorum*, in-12, p. 197-205). Ces mots sont reproduits
dans l'édition de 1562, p. 318, sur la loi *Re conjuncti*.

(2) M. Léon Cassin, *Étude sur François Hotman*, Caen, 1860,
p. 38-41.

tences de l'illustre glossateur. — Mais c'est là, à
notre avis, un des titres de gloire de Govéa. L'influence des idées scolastiques était si grande qu'elle
avait fini par s'étendre sur l'universalité des sciences
que le moyen-âge possédait. De même que les philosophes ne connaissaient pas d'autre oracle qu'Aristote, les jurisconsultes n'admettaient pas d'autre
maître que Bartole. Ici, encore, il était temps d'in-
troduire dans la science du Droit cette révolution
salutaire qui s'accomplissait dans le domaine philosophique. — Singulière contradiction ! Le défenseur
d'Aristote commençait, contre Bartole, la même
campagne que Ramus avait entreprise contre les
doctrines péripatéticiennes, et facilitait, en lui pré-
parant les voies, la victoire éclatante que Cujas
devait remporter un jour.

Encouragé par ses premiers essais, Govéa en-
treprit de rendre à la jeunesse de son temps le
même service que lui avait rendu Émile Ferret, et
d'employer le reste de sa vie à cette œuvre de noble
et généreuse initiation.

IV.

Govéa débuta à Toulouse dans l'enseignement du
Droit, peu de temps après Cujas. Mais celui-ci s'a-
dressait seulement à des auditeurs bénévoles, et son
cours sur les Institutes n'était point patronné par
l'Université (1), tandis que Govéa avait été nommé
professeur à la Faculté de Droit. — Il n'occupa

(1) M. Ch. Fauvel. *Essai sur Cujas*, Caen, 1861, p. 29.

d'ailleurs ce poste que pendant quelques mois, et, en août 1549, il alla siéger dans une Faculté voisine et rivale, à l'Université de Cahors.

Govéa n'avait encore publié sur le Droit que quelques pages consacrées à la juridiction et à l'accroissement. Des publications plus importantes furent le résultat de son enseignement à Cahors. — On doit mentionner en premier lieu son traité *De Jurisdictione*, dans lequel, revenant sur la thèse qu'il avait défendue en 1545, il s'attachait à réfuter les objections qui avaient été dirigées contre elle par Eginhard Baron, professeur à Bourges. — Au moment où parut le livre de Govéa (1), Baron venait de mourir (2); et ses amis, exagérant les obligations que leur imposait sa mémoire, oubliant aussi qu'il avait engagé la lutte le premier en 1548, traitèrent comme un pamphlet injurieux la réplique de Govéa.

Nous possédons encore l'appréciation passionnée d'un des élèves de Baron, Edward Henryson, lui aussi professeur à Bourges (3), et l'on regrette de rencontrer sous sa plume de ces attaques personnelles qui compromettent même les causes les plus justes et les plus favorables. Vainement Henryson cherche à légitimer, sous le titre de représailles, les grossières invectives qu'il dirige contre son adversaire : Govéa ne les méritait pas, et la responsabilité en reste tout entière à celui qui se

(1) Toulouse, 1551, in-4°.

(2) 30 août 1550 (?)

(3) Publiée à Paris en 1555, in-8°, et réimprimée, en 1752, dans le *Novus Thesaurus* de Meerman, t. III, p. 447 à 482.

les crut permises. Malgré les épithètes d'*insensé* et de *stupide* prodiguées à Govéa., le nom du jurisconsulte portugais a survécu à son siècle, tandis qu'Edward Henryson a mérité à peine d'être mentionné dans les historiens les plus complets et les plus scrupuleux de la littérature juridique.

C'est aussi à la même époque de la vie de Govéa qu'appartiennent les *Variæ Lectiones*, les explications *ad legem Gallus*, 29, Dig., *De liberis et posthumis* (28, 2), et plusieurs retours sur le Droit d'accroissement (1). — Ces publications suffirent pour placer Govéa à la tête des jurisconsultes de son temps. Cujas, jeune encore il est vrai, fut tellement enthousiasmé par le talent dont le nouveau commentateur faisait preuve, qu'il n'hésita pas à déclarer qu'aucun interprète du Droit romain, non-seulement parmi ses contemporains, mais encore parmi tous ceux dont les ouvrages étaient parvenus jusqu'à lui, n'avait surpassé, ni même égalé le professeur de Cahors (2).

---

(1) *De Jure accrescendi* (1549 et 1554); *Variæ Lectiones* : les quatre premiers chapitres en 1552, à Toulouse ; le livre premier aussi à Toulouse, en 1554 ; la loi *Gallus*, à Toulouse en 1554, in-4° (V. Scholt, *Lipenii Bibliothecæ Supplementa*, Lipsiæ, 1775, p. 3, 275 et 307). — Les *Variæ Lectiones* ont été réimprimées dans le *Novarum Declarationum Liber*, Cologne, 1576, in-f°, p. 251-285.

(2) « Anton. Goveanus, cui ex omnibus quotquot sunt aut fuere Justinianei juris interpretibus, si quæramus quis unus excellat, palma deferenda est. » (*Notæ ad titulum* VI *Ulpiani*, § 6, publiées pour la première fois à Toulouse en 1554. — V. Paris, Ed. Fabrot, 1658, t. Ier, p. 310.)

Celui-ci n'était point arrivé au terme de ses péré-
grinations, et, quoique parvenu à un âge où le repos
physique lui eût été nécessaire, il devait, à l'exemple
de ses collègues, affronter encore plus d'un voyage
et professer dans plus d'une Université. C'était le
temps des grandes querelles religieuses, auxquelles le
professorat ne restait que difficilement étranger, et
des rivalités jalouses, suivies trop souvent de sépara-
tions éclatantes, s'établissaient au sein de ces grandes
corporations créées uniquement pour veiller aux intérêts et aux développements de la science. De plus,
ces grands génies, dont les œuvres font encore aujourd'hui l'admiration du monde savant, étaient
presque toujours aux prises avec les nécessités maté-
rielles de la vie ; et, lors même que leurs nombreuses
migrations ne s'expliqueraient que par des considé-
rations pécuniaires, il ne faudrait point les juger avec
trop de sévérité. La parcimonie des municipalités en-
vers eux n'avait d'égale que la difficulté avec laquelle
ils pouvaient se procurer les éléments indispensables
à leurs gigantesques travaux. Nous voyons, en effet,
des villes, qui ne devaient leur illustration qu'au
mérite des professeurs de leurs Universités, offrir à
ceux-ci, comme récompense de leurs services, des
gages insuffisants pour les mettre à l'abri du besoin.
A Caen, la subvention accordée à chacun des membres du Collége des Droits avait été fixée à deux cents
livres par une délibération de 1521, reproduite en
1588 (1) ; et, à Cahors même, près d'un siècle après

(1) M. J. Cauvet, *Le Collége des Droits de l'ancienne Université
de Caen.* Caen, 1858, p. 66.

l'époque qui nous occupe, en 1622, les honoraires des régents de Droit ne dépassaient pas quatre cents livres (1).

Quel que soit le motif qui présida à son départ, Govéa quitta en 1554 l'Université de Cahors, où il devait être remplacé par Cujas, et alla prendre possession d'une chaire de l'Université de Valence. Ce fut dans cette ville, où les études étaient alors florissantes, qu'il dicta ses Commentaires sur le titre *De vulgari et pupillari substitutione* (2). Mais son passage à Valence ne fut que de courte durée.

L'Université de Grenoble, et principalement le doyen de la Faculté de Droit, Pierre Bucher, entreprirent des démarches près de l'éminent professeur, pour le décider à se rendre dans leur ville. Govéa les accueillit favorablement. Toutefois, il avait déjà si bien conquis les sympathies des Valentinois, que l'évêque de la ville crut devoir écrire au Conseil de Grenoble pour l'engager à laisser Govéa à Valence (3). Cette demande ne fut pas couronnée de succès. Au mois d'octobre 1555, notre héros se rendit à Grenoble, laissant vacante la chaire de Valence, que devait bientôt occuper Pierre Loriol (4). L'évêque Montluc, un des personnages les plus influents de cette époque,

---

(1) *Revue historique de Droit français et étranger*, 1860, t. VI, p. 281.

(2) La première édition, in-4°, parut à Toulouse en 1554. La seconde, également à Toulouse, en 1555. (Schott, *Lipenji Bibliothecæ Supplementa*, 1775, p. 455.)

(3) M. Nadal, *Histoire de l'Université de Valence*. Valence, 1861, p. 46.

(4) M. Nadal, *loc. cit.*, p. 58.

ne put dissimuler le mécontentement qu'il éprouvait de cet échec; et, ce fut là, sans doute, un des motifs qui le déterminèrent à tenter des efforts, plus heureux cette fois, pour faire supprimer l'Université de Grenoble.

V.

Govéa devait enseigner à Grenoble jusqu'au mois de mai 1562, et cette période de sept années, noblement employée par lui, a laissé des traces dans ses ouvrages (1). A peine était-il depuis un an dans la capitale du Dauphiné, qu'au mois de janvier 1557, il dédiait déjà à Pierre Bucher les leçons qu'il venait de faire sur les dix premières lois du titre *Ad legem Falcidiam* (2). Il compléta cette étude pendant les années suivantes, et, en 1560, il publia presque en même temps le commentaire entier de cette loi importante, offert cette fois au chancelier Michel de L'Hospital, et des *Animadversiones Juris civilis*. Ce fut aussi vers cette époque qu'il expliqua à ses élèves le sénatus-consulte Trébellien, sa dernière œuvre, dont nous parlerons bientôt plus longuement. Aussi la présence de Govéa donna à la Faculté de Droit une illustration dont le souvenir n'est pas encore effacé. Le nombre de ses disciples alla toujours croissant; et le jour vint même,

(1) Sur le séjour de Govéa à Grenoble, V. M. Berriat-Saint-Prix, *Histoire de l'ancienne Université de Grenoble*, 2ᵉ édit., 1839, p. 22-36.

(2) *Antonius Goveanus, jureconsultus, ad LL. X, tit. Ad legem Falcidiam, libro XXXV. DD. Ad Petrum Bucherum, jureconsultum, Academiæ Gratianopol. restitutorem.*—Lugduni, apud Seb. Gryphium. MDLVI. In-4° de 68 pages (Bibl. de Grenoble, n° 6317).

où la Municipalité, qui venait d'augmenter les honoraires du professeur, dut se préoccuper de l'affluence de ces jeunes hommes que la ville suffisait à peine à contenir, et à l'installation desquels l'Autorité elle-même dut procéder.

Quelles étaient donc les qualités qui jetaient un pareil éclat sur l'enseignement de Govéa ?—S'il fallait en croire quelques auteurs contemporains (1), son ardeur pour le travail n'était point très-grande. La nature l'avait doué, sans doute, des plus heureuses facultés ; mais, enclin à la paresse, il dédaignait de les exercer. Il ne professait qu'avec répugnance, parce-

(1) Antoine Loisel, âge de 23 ans, venait de terminer ses études à l'Université de Valence, où il avait suivi les cours de Cujas, lorsque, dans les derniers jours de l'année 1559, il se rendit à Bourges pour y prendre ses degrés ; mais, poussé par la curiosité, il prit, nous dit-il, « le chemin de l'eschole, c'est-à-dire le plus long, « passant par Romans pour aller à Grenoble, puis à la Grand'Chartreuse et à une fontaine qui brusle. » Govéa reçut la visite du jeune écolier : « Invisi Goveanum, et cum eo pransus sum. Illi erant uxor et liberi tres mares. Fere libris operam non dat, sed pene totus est in cogitatione et mentis agitatione ; idque in lectulo, vel vinea quam urbi habet vicinam. Summum malum, uti videbatur, ponebat in professionis suæ exercitatione, in docendo de suggestu ; summum bonum existimat magis vivere secure et tranquille ; quod faceret si, non docendo, eadem quæ docendo, stipendia mereretur. Liberos non curat in litteris instituere, antequam id eos velle ex ipsis intelligat. Summa vir confidentia ingenii ut qui cæteros omnes præ se parvi faciat, nec aliorum scripta legere curet. In bibliotheca ejus neque est calamus, nec atramentum. Cum recitaturus est publice, caput quod est interpretaturus legit ; deinde id sæpius volvens ac revolvens, de eo quod est in difficili statuit, homo dictis, factisque philosophus. » (*Vie d'Antoine Loisel*, par Claude Joly, insérée avant ses Opuscules. Paris, 1652, p. xiii et xiv.)

qu'il plaçait le bonheur suprème dans un repos ab-
solu, et le seul charme que ses fonctions eussent à
ses yeux se trouvait dans les profits qu'elles lui rap-
portaient. Emporté par un orgueil excessif, il faisait
peu de cas des œuvres de ses prédécesseurs, et se li-
vrait à la contemplation exclusive de sa propre
pensée. Lui, dont la jeunesse avait été si active, il
négligeait même l'instruction de ses enfants, attendant
patiemment le jour où ils s'adresseraient spontané-
ment à lui pour obtenir d'être initiés à l'étude des
belles-lettres.

Dans ce portrait que la flatterie ne cherche point à
embellir, on reconnaît aisément la main d'un homme
qui, s'il avait reçu à Grenoble l'hospitalité bienveillante
de Govéa, subissait encore l'influence de ses premiers
maîtres, Ramus et Cujas. Peut-être pourrait-on cependant trouver dans les reproches mêmes d'Antoine
Loisel la cause des succès que nous avons constatés.

Ce qui distinguait l'enseignement de Govéa, c'était
l'originalité de sa méthode qui, au régime intolérant
des autorités d'un autre âge, substituait le principe
du libre examen et prenait en main la cause de
l'indépendance doctrinale. Écrasées par des gloses
que des générations entières avaient accumulées sur
elles, les lois de Justinien avaient presque disparu.
Le jurisconsulte, dans sa négligence pour l'œuvre
primitive dont les mobiles lui échappaient, hésitant,
au milieu d'un dédale d'opinions contradictoires, sur
la voie qu'il devait suivre, abdiquait le plus souvent
devant la force du nombre ; et, quelles que fussent les
résistances de son esprit, comme les juges du sièc'e
de Valentinien III et de Théodose II, il soumettait sa

pensée à un avilissant esclavage. — Les Romains
n'étaient-ils pas des guides plus sûrs que les glossa-
teurs ? Soutenir que la lecture de leurs œuvres im-
mortelles ne pouvait, à elle seule, éclairer leur législation, n'était-ce pas avouer la faiblesse et l'impuissance de son esprit ? Le Droit romain avait longtemps
vécu sans interprètes, et Justinien, comme tous les
législateurs, pensait que les commentaires nuiraient
plutôt qu'ils ne profiteraient à son œuvre (1). Reve-
nons donc, disait Govéa, à l'étude patiente des jurisconsultes de Rome ; essayons de dissiper les ténèbres
qui planent sur leurs œuvres ; évitons ces subtilités
qui faussent le jugement et que les émules d'Accurse
ont amoncelées en si grand nombre, que trois âges de
Nestors suffiraient à peine à les faire disparaître (2).
Et alors le Droit romain, dégagé des ombres qui
l'obscurcissent, brillera de nouveau dans toute sa
splendeur et avec tout son éclat.

Govéa avait aussi, sur les sciences accessoires que
le jurisconsulte doit cultiver avec soin, des idées dont
la justesse ne saurait être contestée, surtout au

(1) « Sed hoc dico... certiores esse, melioresque haud paulo quam
Bartolum in jure populi romani duces, veteres jureconsultos. At,
nisi prælucente Bartolo sequi eos nemo possit, id qui existimat,
nihil aliud, quam de ingenii sui imbecillitate confitetur. Annis am-
plius sexcentis sine Bartolo atque adeo sine interprete jus fuit.
Tot enim a Justiniano ad Lotharium Saxonem numerantur, quo
imperante, vixit in Italia Irnerius, juris interpres vetustissimus.
Quin imperator ipse, si intelligi sine Bartolo jus non potest, quid
est quod Pandectis prohibet commentarios ? » (*Opera juris civilis,*
1562, p. 148).

(2) « Interpretes... nihil admodum aliud quam herbas noxias
protulerunt ; quibus evellendis tres trium Nestorum ætates non
sufficiant. » Édit. de 1562, p. 254.

XIX⁰ siècle. Pour lui, l'étude du Droit ne pouvait être
séparée de la philosophie, ni de l'histoire : de la philosophie, ce flambeau toujours brillant, comme au
siècle de Cicéron, pour éclairer la marche des inves-
tigateurs de la science ; de l'histoire, cet hameçon
d'or, suivant la métaphore de Cujas, à l'aide duquel
l'interprète peut saisir la force cachée et le sens mys-
térieux des lois. Cette réunion de conditions heureuses ne lui suffisait même pas. Il fallait encore que
le jurisconsulte vécût dans un commerce intime avec
les grands écrivains d'Athènes et de Rome pour
donner à son langage et à ses écrits cette forme littéraire sans laquelle l'œuvre la plus solide et la plus
mûrie peut échouer, parce qu'elle fatigue et rebute les
esprits. Le concours seul de ces éléments divers
pouvait faire sortir la jurisprudence de l'état d'infé-
riorité dans lequel le Bartolisme l'avait plongée, et
la replacer au rang élevé qui lui appartient dans la
hiérarchie des sciences sociales (1).

Et de ses théories Govéa était l'application vi-
vante (2). Dans ses luttes contre Ramus, il avait

(1) « Jus populi romani semper deturpatum et deformatum aspi-
ciemus? Non hoc Deus optimus maximus sinat ! Græcas et latinas
litteras ad hæc studia juvent se ludo adferat; adferat dialecticam;
adferat philosophiæ tantum, quantum capere ea ætas potest ; adferat
veteris memoriæ, maxime populi romani scientiam. » *Opera Juris
civilis.* Édit. de 1562, p. 46.)

(2) « Govéa... était un bel esprit pour tout comprendre sans
peine, et savant en toutes sortes de littératures, pour dissiper par
elles les ténèbres qui enveloppent si souvent les pensées des anciens
jurisconsultes dans les fragments qui nous restent de leurs ouvrages
dans le *Digeste.* » Chorier, *Histoire générale de Dauphiné.* Lyon,
1672, p. 540.

prouvé à quel point la littérature grecque et la philosophie lui étaient connues. Lorsqu'il enseignait les
humanités et publiait ses opuscules juridiques, l'histoire et la littérature latines trouvaient une large satisfaction (1), et il s'était familiarisé avec notre idiome
national à un point tel que l'on n'eût pu soupçonner
son origine étrangère (2). Nul enfin ne travaillait avec
plus de soin les questions qu'il devait aborder devant
son auditoire, et c'est là ce qui justifie le peu d'étendue
de ses ouvrages. Il le dit lui-même au chancelier
Michel de L'Hospital : « La préparation de mes cours
me retient si longtemps que je n'ai presque point de
loisirs pour écrire. Aussi, ceux de mes traités que
l'on connaît déjà sont encore imparfaits et se res-
sentent de leur origine. C'est mon enseignement oral,
recueilli par des auditeurs assidus, que je publie, en
y changeant à peine quelques mots. Ceux qui croient
qu'il est facile de faire des livres au milieu des labeurs
et des occupations du professorat, ne comprennent
point les difficultés que présente cette mission, et se
font illusion sur les loisirs dont un professeur peut
disposer (3). »

(1) « Au milieu de ces derniers (les humanistes), je n'en voy
aucuns qui ayent escrit en langage plus élégant que Govéan et
Duaren, et de ces deux je donne le premier lieu à Govéan. »
(Étienne Pasquier, *Recherches,* liv. IX, ch. xxxix, édit. de 1665,
p. 857.)

(2) « Goveanus doctus erat vir, et valens dialecticus, et optimus
poeta gallicus ; nec enim hispanum judicaveris, adeo bene gallice
loquebatur. » *Prima Scaligerana*, p. 59. Utrecht, 1670.

(3) « Prælectionibus adeo opera omnis nostra occupatur, ut
scriptioni temporis nihil propemodum supersit. Itaque quæ nostra

Belles paroles, qui prouvent assez les exagérations
d'Antoine Loisel! Pour se faire une telle idée de ses
devoirs, il faut exercer ses fonctions avec amour et
non point avec répugnance. C'est cette heureuse intelligence des obligations que lui imposait son titre,
jointe à son amour pour ses élèves, qui nous explique
surtout le nombre de ses auditeurs et l'affection dont
ceux-ci entouraient leur maître. Govéa se montrait,
en effet, pour ses disciples plein de bienveillance et
de sympathie. On eût cherché en vain la raideur et
la pédanterie dans les relations qu'il entretenait avec
eux, et Ronsard faisait remarquer plaisamment que
le professeur de Grenoble n'avait du pédagogue que
la robe et le bonnet (1).

Le succès était donc grand et légitime; et si Govéa,
en présence de son œuvre et des résultats merveil-
leux qu'il obtenait malgré de redoutables concur-
rences, n'imposa point toujours silence à son orgueil,
il ne faut pas le condamner avec trop de sévérité. Le
moment approchait, d'ailleurs, où l'intolérance des
partis religieux allait lui faire expier ses ovations,

hodie leguntur, rudia, impolita, modo nascentibus similia, nobis
docentibus ac verba fundentibus ab auditore non omnimodo indili-
gente excepta, paucis commutatis verbis, publicum acceperunt.
Qui in hac laboriosissima et occupatissima docendi assiduitate
perfici aliquid scribendo posse putant, ii, meo quidem judicio, neque
difficultatis rei, neque otii nostri rationes recte subductas habent. »
Édit. de 1562, p. 150.

(1) « Et sane memini P. Ronsardum..., cum de Buchanano...
Antonio Goveano..., quibuscum arcta amicitia conjunctus fuerat,
verba faceret, dicere solitum illos homines nihil pædagogi præ-
terquam togam et pileum habuisse. » (De Thou, *Historiarum*, l. 76,
c. 11, anno 1582. — Éd. de Londres, 1733, t. IV, p. 99 et 100.)

troubler son repos et lui susciter de sérieux embarras.

L'association conciliante de la raison et de la foi, entre lesquelles la lutte semblait engagée, n'avait point encore trouvé ses plus chaleureux défenseurs, et les juristes, entraînés par les charmes du principe de libre examen, adoptaient à l'envi le parti de la Réforme. Tous n'imitaient pas la prudente réserve de Cujas, et il était reçu comme adage : que tout bon jurisconsulte devait être un mauvais chrétien : *Omnis jureconsultus male de religione sentit ; bonus jureconsultus, ergo malus christianus.*—Govéa suivit-il la pente générale sur laquelle étaient entraînés ses collègues, ou resta-t-il un des partisans de sa foi primitive ?

A ne consulter que le témoignage de Calvin, la Réforme aurait séduit Govéa. Mais son esprit, enclin au scepticisme, et qui avait trop souvent raillé les choses saintes, fut bientôt frappé d'aveuglement (1). Le chef

(1 Agrippa, Villanovanus, Doletus et similes « eo prolapsi sunt amentiæ et furoris, ut non modo in Filium Dei execrabiles blasphemias evomerent, sed quantum ad animæ vitam attinet, nihil a canibus et porcis putarent se differre. Alii (ut Rabelæsus, Deperius et Goveanus) gustato Evangelio, eadem cæcitate sunt percussi. Cur istud, nisi quia sacrum illud vitæ æternæ pignus sacrilega ludendi aut ridendi audacia ante profanarant ?... Quicumque ejusdem sunt farinæ, eos sciamus nobis a Domino exemplum quasi digito monstrari, ut solliciter in vocationis nostræ studio pergamus, ne quid simile nobis contingat. » Calvinus, *Tractatus theologici*, p. 77. Amsterdam, 1667. Calvin a écrit, en 1550, le traité *De scandalis* dans lequel se trouve ce passage — Nous pouvons ajouter le témoignage de Chorier :

« Le fameux Antoine de Govéa avait semé dans Grenoble des opinions qui lui avaient acquis le blâme de n'avoir pas tous les sentiments qu'un chrétien est obligé d'avoir de la Divinité. » *Histoire générale de Dauphiné*, p. 612. Lyon, 1672.

de la religion nouvelle avait cessé de le compter parmi
les siens et le rangeait dans la catégorie des incré-
dules et des athées. Hubert Languet, l'ami de Me-
lanchton, ne le traitait pas avec beaucoup plus de
ménagement : Govéa, à son avis, était bien plus scé-
lérat encore que Loriol et que Gribaud (1), et ce n'était
pas peu dire. Gribaud surtout était soupçonné d'ap-
partenir au Socinianisme; et, en 1560, le roi et le duc
de Guise avaient ordonné au Parlement de Grenoble
de l'expulser de la ville, parce qu'il était *mal sentant
la foi chrétienne.*

La vérité est qu'aucune raison sérieuse ne permet
de classer Govéa, soit parmi les athées, soit
parmi les champions de la nouvelle Église (2). On lui
reprochait amèrement certaine épigramme, dirigée
en un jour de gaité contre un timide conseiller du
Parlement de Bordeaux, qui, aux premiers éclats du
tonnerre, courait chercher un refuge dans sa cave :

> Dum tonat, in cellas trepido pede Vallius imas
>   Confugit. In cellis num putat esse Deum ?

Mais, je le demande à tout juge impartial, est-il

(1) « Cujacius... venit Bituriges. Ei autem Valentiæ succedet
Gribaldus. Pulchrum sane par, ubi ipse et Loriolus conjuncti fue-
rint, et habuerint Gratianopoli vicinum Goveanum, qui utroque est
longe sceleratior. » Lettre du 13 février 1560 (*Epistolarum*
lib. II, ep. 12. — Édit. de 1699, pars 2ª, p. 34). — Aussi lit-on
dans l'Index du livre cette mention assez singulière : « Goveanus,
prof. Gratianopoli sceleratus. » (p. 7.)

(2) « Goveanus fuit doctus Lusitanus. Calvinus vocat illum
athæum, cum non fuerit. Debebat illum melius nosse. » *Scaligerana,*
Cologne, 1667, p. 79.

besoin d'invoquer l'athéisme pour expliquer cette légère plaisanterie (1)? Govéa, d'ailleurs, maltraité comme nous l'avons vu par Calvin et Languet, se conformait sans ostentation aux prescriptions du culte catholique. Pendant son séjour à Grenoble, il fréquentait les églises et ne dédaignait pas même de s'associer à des pratiques religieuses qui se concilieraient mal avec les doctrines qu'on lui prête. — La bienveillance que le procureur général Pierre Bucher lui avait témoignée à Grenoble, celle qu'il devait rencontrer plus tard près du duc de Savoie (2) sont encore des garants de son orthodoxie. — A la vérité, on l'accusa d'avoir mal parlé de la Divinité, et il fallut qu'il s'en justifiât ; mais la justification fut complète, s'il faut en croire les historiens du Dauphiné, qui ont pu consulter encore les manuscrits de sa défense (3). Et, quand plus tard la ville fut au pouvoir

(1) Toutefois, Briand Vallée ne manqua pas de répondre en se plaçant sur ce terrain :

> Antoni Goveane, tua hæc marrana propago
> In cœlo et cellis non putat esse Deum.

(2) V. sur la piété d'Emmanuel Philibert, Guichenon, *Histoire de la maison de Savoie.* Lyon, 1660, p. 680.

(3) « Antoine Govéan... fut même accusé d'avoir mal parlé de la Divinité, et il fallut qu'il s'en justifiât ; ce qu'il fit par un excellent discours qu'on a vu autrefois manuscrit dans la bibliothèque d'Ernemond de Rabot d'Illins, premier président en ce Parlement ; sur lequel, de Gordes, lieutenant de roi en cette province, trouva lieu de se faire son protecteur. » — Guy Allard, *Bibliothèque du Dauphiné.* Grenoble, 1680, p. 118-119.—Pour ce qui est de la faveur de de Gordes, Allard confond probablement Govéa avec Carles (V. Chorier, *Histoire générale.* Lyon, 1672, p. 612). La nomination

du parti huguenot, il ne trouva pas chez les vainqueurs ces égards que des coréligionnaires ne pouvaient manquer d'avoir pour lui.

Que Govéa ne fût pas un catholique des plus fervents, cela est possible ; qu'il ait songé à adopter la Réforme, cela se peut encore ; mais, enfin, il ne professa jamais la religion protestante et mourut sans avoir abjuré les dogmes catholiques.

VI.

Nous sommes parvenu au mois de mai 1562. A cette époque, le baron des Adrets, dont le nom tristement illustré par les guerres religieuses se transmet de génération en génération, dans les veillées dauphinoises, comme un symbole de barbarie et de cruauté, s'empara de la capitale de la province. — Le trouble et l'agitation des guerres civiles ne peuvent se concilier avec le calme qu'exigent les études scientifiques. La solitude se fit autour des maîtres les plus applaudis, et l'Université, en attendant des jours plus heureux, suspendit son enseignement.

Govéa, sans se préoccuper de la retraite de ses amis et de ses collègues, ni des violences qui s'exerçaient autour de lui, essaya de rester à Grenoble jusqu'au jour où la Faculté pourrait reprendre le cours de ses travaux. Mais en butte à de nombreux

de de Gordes est de 1564, postérieure par conséquent au départ de Govéa ; de Gordes ne fit même son entrée à Grenoble que le 12 février 1564 (n. s. 1565). V. *Notice historique sur le baron de Gordes*, par M. J. Taulier. Grenoble, 1853, p. 59.

outrages, que de jeunes avocats, ses disciples d'hier,
pour lesquels il avait toujours eu la plus grande
sympathie, ne lui épargnaient même point (1), dé-
sespérant de voir renaître le calme dans le Dauphiné,
il se décida à accepter les propositions d'une princesse
de France, Marguerite, duchesse de Berry et de
Savoie. La protection éclairée de cette digne fille de
François Ier s'étendait, en effet, principalement sur
les jurisconsultes, et leur offrait un noble refuge dans
la province du duc son époux. — A travers mille
dangers qui compromirent son existence, Govéa parvint à gagner cette terre hospitalière, et put ouvrir
un cours à l'Université de Mondovi, qu'Emmanuel
Philibert venait de fonder (2). — L'année suivante,
en 1563, le duc, qui avait recouvré sa capitale, y
transporta cette Université et le Sénat de Carignan (3).
Govéa accompagna ses collègues, et alla s'installer à
Turin, où bientôt il épousa en secondes noces Lucrezia
Guerilla, fille d'un des douze sénateurs de Piémont.

Emmanuel-Philibert l'appela enfin à siéger lui-

(1) Notamment l'avocat Marc-Antoine que, peu de temps au-
paravant, Govéa qualifiait de « homo doctissimus et humanissimus »
(*Lectiones variæ*, lib. II, c. xi). — Une note manuscrite de Pierre
de Mornyeu (éd. 1562, p. 294) ajoute à ce passage : « Advocatus
Gratianopolitanus, Goveani auditor, a quo atrocem injuriam est
perpessus mense Augusti 1562, et ejus mensis IX die. — Et cum
mihi Goveanus factum ordine narraret, vix a lacrymis poteram
abstinere, tam ob facti indignitatem, quam ob amorem in præceptorem mei amantissimum. »

(2) Guichenon, *Histoire de la maison de Savoie*. Lyon, 1660,
p. 678.

(3) Guichenon, *loc., cit.*, p. 685.

même dans le sénat (1). Mais il ne put jouir longtemps
de ce repos honorable qui couronnait dignement son
existence. Une courte maladie l'enleva, le 5 mars
1566, à l'âge de soixante ans (2).

Govéa laissait trois fils, issus d'un premier mariage
qu'il avait contracté, au mois de septembre 1549,
pendant qu'il était professeur à Cahors, avec la fille
d'un président du Parlement de Toulouse, Catherine

(1) V. M. Berriat-Saint-Prix : *Histoire du Droit romain, suivie
de l'Histoire de Cujas.* Paris, 1821, p. 515.

(2) « Obiit Taurini 5 martis, hora noctis 6, sive apud nos 12
post meridiem, 1566, magno cum mœrore studiosorum » (Note manuscrite de Pierre de Mornyeu, éd. 1562, p. 322). Beaucoup
d'auteurs assignent comme date, à la mort de Govéa, l'année 1565.
— Pour ceux qui se bornent à cette indication générale, sans pré-
ciser, comme de Thou, l'époque de l'année, cette date peut, à la
rigueur, se justifier historiquement. — Jusqu'à l'Ordonnance de
Roussillon (janvier 1563), le commencement de l'année fut fixé à
Pâques. Mais l'art. 39 de l'Ordonnance décida qu'à partir du 1er
janvier suivant, l'année commencerait le 1er janvier. — Par conséquent, le 1er janvier suivant, qui eût dû faire partie de l'année
1564, fut le 1er janvier 1565. — Mais, si la Cour se conforma
immédiatement à l'Ordonnance de Roussillon, le Parlement de
Paris ne la suivit qu'à dater du 1er janvier 1567. — Ainsi, pour
ceux qui se conformaient au calendrier du Parlement, le jour du
décès de Govéa était bien le 5 mars 1565, puisque l'année 1566 ne
devait commencer que le 14 avril suivant (V. *Dictionnaire des
dates.* Paris, 1842, t. 1er, p. 192). — Les registres de la municipalité de Grenoble corroborent la date indiquée par de Mornyeu.

Govéa mourut, nous dit le président de Thou, « morbo ex im-
modico peponum usu contracto. » (*Histor.* lib. XXXVIII, § 14. —
Éd. Londres, 1733, t. II, p. 468).

Govéa fut inhumé à Turin, et on lui consacra l'épitaphe suivante,

Dufour (1). — Les plus jeunes se firent un nom honorable, l'un par la prédication, l'autre par les
mathématiques. Mais on connaît surtout l'aîné,
Mainfroy de Govéa. Il eut, comme son père, l'honneur
de siéger au sénat de Piémont, et laissa quelques
poésies, des commentaires sur Julius Clarus, et un
éloge funèbre du roi d'Espagne Philippe II (2).

VII.

L'œuvre juridique de Govéa n'est point considérable, si on la compare aux volumineux recueils des
traités de Cujas et de Doneau. L'année même où
notre jurisconsulte quittait Grenoble, il put réunir en
un seul volume les commentaires qu'il avait jusqu'alors

œuvre de Philibert de Pingon, duc de Cusy, historiographe et grand-
référendaire de Savoie :

> Vatibus et linguis, sophiæ jurique Quirino
> Præfuit ; has curas, hasque volebat opes.
> Stirps numerosa, sequax , hominumque caterva peritum.
> Sensa remota quidem , prisca sed una fides.
> Principibus placuit, cumulatus honoribus. Uxor
> Ducta, seni florens; hæc Goveanus, obit.

Je reproduis textuellement cette épitaphe d'après de Mornyeu
(éd. 1562 , p. 60 et 322), qui la donne deux fois. Le texte est le
même dans les deux cas ; la ponctuation seule a changé. Voici la
variante la plus importante, celle du quatrième vers, qui ne brille
pas par sa clarté :

> Sensa remota. Quidem , prisca sed una fides.

(1) « Virginem et forma et ætatis flore pulchre dotatam idibus
septembris demum duxit. » V. Joly, *Remarques critiques sur le
Dictionnaire de Bayle.* Paris, 1748, p. 397.

(2) *Biographie générale Hoefer,* t. XXI , 1857, p. 475. Art. de
M. Félix Berriat-Saint-Prix.

édités et auxquels il ne devait rien ajouter. Des
réimpressions nombreuses en ont été successivement
publiées en France, en Allemagne, en Italie et en
Hollande (1). Mais elles ne font que reproduire les
opuscules que Govéa avait lui-même rassemblés.

Il existait cependant un autre commentaire que
des copies manuscrites avaient fait connaître et que
les jurisconsultes du XVIᵉ siècle mentionnaient avec
éloge. C'était l'explication du sénatus-consulte Trébellien qui avait occupé Govéa à Grenoble. — Martin
Lipenius nous dit bien que ce traité fut édité à Lyon
en 1599 (2); mais cette édition, si elle a jamais existé,
ce qui nous paraît fort douteux, fut inconnue même
des jurisconsultes contemporains. Schott, qui a donné
des œuvres de Govéa un tableau plus exact que celui
de Lipenius, ne la mentionne pas (3); et moins d'un
demi-siècle après la mort de l'auteur, on déplorait
même la perte de l'œuvre que l'on supposait détruite
au milieu des guerres civiles qui avaient désolé le
pays. —Un jurisconsulte allemand écrivait déjà, au
commencement du XVIIᵉ siècle : « Si tenear desiderio
videndi *Commentaria* Goveani ad s. c. Trebellianum,
non erit ista cupiditas vituperanda, maxime cum ipse
Goveanus fateatur se ad titulum illum Digestorum

(1) Éditions de Lyon en 1562, 1564, 1599 et 1622. — La
Bibliothèque de Grenoble possède les éditions de 1562 et de 1022
(nᵒˢ 6363 et 6364). — Iéna, 1596, in-8°. — Naples, 1696, in-8°.—
Rotterdam, 1766, in-fᵒ, « ex bibliotheca Gerardi Meermann, edidit
Jacobus Van-Vaassen. » Je cite les éditions que je n'ai pu consulter
d'après Lipenius et surtout d'après Auguste-Frédéric Schott.
(2) *Bibliotheca realis juridica*, t. II, p. 423.
(3) Lipenii *Bibliothecæ Supplementa*, p. 480.

scripsisse, ejusque commentarios viderit Faber noster, apud præceptorem suum Manutium, magnum Goveani discipulum, necdum illos intercidisse constet. — Proferant igitur hæc Goveani *Commentaria* in lucem, nec soli tanto thesauro, ut dracones, insideant quicumque ea sunt adepti, quod vel unus Goveani nepos præstare potest. Te, Manfredi Goveani filium, appello, qui, cum summa eruditione, in lectionibus tuis Taurinensibus, toties avum tuum laudas, ne nobis diutius tantam jurisprudentiæ usuram subtrahas, et vel tuo exemplo doceas quantus vir avus tuus in jurisprudentia fuerit (1). »

Le fils de Mainfroy de Govéa, le petit-fils d'Antoine, resta sourd à ce pressant appel de Gaspard Schifordegher, et plus d'une fois, depuis cette époque, d'illustres jurisconsultes ont déploré la perte d'une des œuvres capitales de l'éminent Portugais.

Cependant, un des disciples les plus enthousiastes de Govéa avait recueilli ces commentaires si regrettés, et les avait joints à un exemplaire des *Opera juris civilis* (2). Le livre de Pierre de Mornyeu, après avoir fait partie de la riche bibliothèque de Mg^r de Caulet, évêque de Grenoble, fut, en 1772, compris dans la formation de la Bibliothèque publique de cette ville, où M. Jacques Berriat-Saint-Prix signala sa présence en 1820 (3).

<hr>

(1) *Gasparus Schifordegherus ad Antonium Fabrum*, lib. II, tr. 2, *Quæst.* Oppenheim. 1610, t. II, p. 39.

(2) Éd. in-f° de 1562. Pierre de Mornyeu nous apprend qu'il avait acheté ce volume à Grenoble, au mois de mars 1562, c'est-à-dire lorsqu'il était dans toute sa nouveauté, pour 26 sous. — Détail curieux pour l'histoire de l'Imprimerie au XVIe siècle.

(3) *Histoire de l'ancienne Université de Grenoble.* Paris, 1820, p. 21.

Nous ne possédons, toutefois, qu'une partie de l'œuvre de Govéa ; les *Præfationes tituli*, auxquelles l'auteur fait souvent allusion, une partie de la loi 22 et les lois 23 à 81 ont complètement disparu. — Pierre de Mornyeu avait-il recueilli tout le commentaire du titre *Ad senatusconsultum Trebellianum ?* Il est permis de le croire. Mais quelques feuillets auront sans doute été enlevés et seront allés rejoindre ces autres opuscules manuscrits que possédait le jeune étudiant, et sur le sort desquels nous n'avons pu nous procurer aucun renseignement (1).

Mais l'explication des lois 1 à 22 forme déjà, à elle seule, un ouvrage assez considérable et digne d'être publié. M. Félix Berriat-Saint-Prix le signalait, il y a peu de temps, aux libraires d'Outre-Rhin, parce que, disait-il, « les éditeurs français hésiteraient à le mettre en lumière dans un temps où l'on n'étudie plus du Droit romain que ce qui est indispensable pour obtenir le diplôme de licencié (2). » — Est-ce bien là la vérité ? Trop souvent, en effet, la jeunesse de nos écoles, dédaignant ses véritables intérêts, nous offre ce regrettable spectacle. Mais l'étude de la législation de Rome est encore en honneur dans notre pays. Bien plus, pendant que l'Allemagne semble aujourd'hui arrêtée dans son mouvement progressif, en France, sous l'impulsion donnée par des maîtres ha-

(1) « Quæ manu hic scripsi et in fine libri (en effet, sur les ving-cinq pages dont se compose le manuscrit, dix-neuf sont au commencement et six à la fin du volume), cum quibusdam opusculis quæ habeo, non sunt typis excusa. • Note de Pierre de Mornyeu.

(2) *Nouvelle Biographie générale Hoefer*, t. XXI, 1857, p. 475.

biles , le zèle des romanistes a redoublé d'efforts et
réussi à marquer de son empreinte même de mo-
destes dissertations académiques.

J'ai cru pour ma part qu'il appartenait , non point
aux Allemands, mais à l'un de ceux qui , dans la me-
sure de leurs forces , continuent l'œuvre que Govéa
accomplissait à Grenoble avec un succès attesté par
les annales dauphinoises , de tirer de l'oubli l'œuvre
du plus illustre de nos prédécesseurs. — Certes , je
n'attends point des lecteurs des transports d'en-
thousiasme tels que Schifordegher en laissait pres-
sentir au XVIIe siècle ; mais je leur soumets cependant
avec confiance le manuscrit de de Mornyeu (1). A eux
d'apprécier si, en oubliant presque le nom de Govéa,
nous n'avons pas été injustes pour la mémoire du
rival de Cujas (2), et si tout était exagération dans
ces paroles d'un homme qui , lui aussi, fut un grand
jurisconsulte, et qui voulait qu'une épithète élogieuse
se joignît toujours au nom de Govéa (3) : « Tulit ætas

(1) Le texte latin du *Commentaire sur le sénatus-consulte Trébellien* est actuellement en cours de publication dans la *Revue historique de Droit français et étranger* , t. X. Paris, 1864 , p. 419 et
suiv. Il paraîtra également, en volume séparé, à la librairie Auguste
Durand, rue des Grès, 7, Paris.

(2) « Cujacius adolescens Antonii Goveani jurisconsulti ingenium
admirabatur ; sed , indiligentia hominis notata , nihil deterritus est,
deterritum iri se dicens a jure tractando, si homo Lusitanus, tanto
ingenio tamque subtili, labores civilium studiorum serio suscipere
ac subire voluisset. » Papyre Masson , *Vita Cujacii* , p. 7.

(3) « Vir nunquam sine præfatione laudis nominandus..... Clarissimus et subtilissimus jurisconsultus ,..... in emendandis legibus
felicissimus... » Ant. Favre, *Conjecturarum Libri* , éd. 1630, p. 4,
20, 91 et 581.

nostra maximos in jurisprudentia viros, non paucos,
sed præcipuos, si quid mihi judicii est, Antonium
Goveanum, et Jacobum Cujacium ; illum, ut mihi
quidem videtur, multo feliciore ingenio ad juris-
prudentiam natum, sed qui naturæ viribus tam con-
fideret ut diligentiæ laudem sibi non necessariam,
minus etiam fortasse honorificam putare videretur ;
hunc contra, minus lucido præstantique ingenii acu-
mine, sed qui assiduo labore ea quoque se assequi
posse crederet, quæ solis ingenii nervis parari
queunt (1). »

APPENDICE.

Nous publions ici , à titre de simple document, dont les
assertions doivent être soigneusement contrôlées, une notice
inédite sur Govéa, par Etienne Catin, substitut du procureur-
général, à Chambéry, et ancien élève de notre jurisconsulte (2). Elle est extraite des manuscrits conservés à la
Bibliothèque impériale, collection Dupuy, vol. 348, n° 38 :

Anthonius Goveanus, nobili genere , et natione Lusitanus
Portugalensis, velut adoptione Gallus (ita seipsum profiteba-
tur), ab episcopo fratre, cui commentaria ad leg. Gallus, *De
lib. et posth.* , dicavit, Lutetiam a teneris annis missus,

(1) Antoine Favre, *Conjecturarum Lib.* VII, *Epist.* Éd. 1630,
p. 188.

(2) E. Catin a publié en 1613, à Chambéry, un *Tractatus omnium
criminum publicorum.* (V. Burnier, *Histoire du Sénat de Savoie,* t.
I, p. 547. 1864.)

sæpius publice philosophiæ cursu perlecto, ab omni philoso-
phorum Academia electus, in omnibus Aristotelis partes pu-
blicis disputationibus contra Ramum, velut Zoïlum, et
contradictorem tanti viri, utique publicum et regium philosophiæ professorem, assumpsit.

Tandem, Lugdunum profectus, ut quædam sua in humanioribus litteris opera acquireret, interea correctoris operum
græcæ et latinæ linguæ, utriusque æque sibi familiaris, exer-
citio vacans, ab Emilio Ferreto, in Avinionensi Universitate
professore doctissimo et elegantissimo, inde fuit revocatus,
ut jurisprudentiæ operam daret; quibusdam scoliis et levibus
commentariis, quæ exstant ad quatuor Just. imp. Institutionum
libros, ei dicatis, ut eum ad id studium promeret, ob immensa,
confusa et pingui Minerva composita commentaria deterritum.

Cui, cum sex fore mensibus invigilasset, Tholosam adiit,
ubi Jurium interpretationem publice aggressus est.

Tum, in Universitate Caors, in provincia Quercina, cum am-
plissimo scholasticorum auditorio, ordinarii lectoris locum
obtinuit, ibique, uxore ducta, tres filios suscepit : Manfredum,
Perrotum, Jantetum.

Inde accersitus, Valentiæ feliciter docuit; postremo Gratianopoli, ubi, ob viri tantæ eruditionis nomen et famam, cum
Universitas flores panderet, ei et patriæ fortuna invidens, anno
millesimo quingentesimo sexagesimo primo, subortis in Gallia
et consortim apud Gratianopolitanos et Delphinatos bellis ci-
vilibus, aufugere a scholastico heretico Marco Anthonio pro-
ditorie persuasus, ab eo sibi datis conductoribus qui ejus
vitæ insidias pararent, versus Sabaudiam apulsus fere ad flu-
men.... (1), prope pagum Domeine (2), ad quod perditurus

(1) L'auteur, après avoir écrit « Iseram », a rayé ce mot.

(2) Domène, bourg situé à 10 kilomètres de Grenoble, près
duquel coulent l'Isère et le Doménon. Ce dernier torrent traverse
la route qui conduit de Grenoble à Chambéry par Montmélian. De
là, peut-être, l'hésitation de l'auteur.

ducebatur, divina Providentia, a nobili Butteto (1), poeta eruditissimo, ab Emanuello Philiberto, Sabaudiæ duce, et Marguarita a Francia, conjugibus, misso ut revocaretur, e manibus conductorum vi abreptus est et Camberium, urbem Sabaudiæ, ductus.

A duce, ejusque conjuge, hilari humanoque animo receptus, ad eorum Montis Regalis Universitatem (2), dignis præmiis constitutis, missus cum Aymone, Menochio (3), jurisconsultissimis professoribus ordinariis.

Sed et postquam, per annum fere, vivam jurisprudentiæ artem suo more, cum maximo Cismontanorum præsertim auditorio, edocuisset, a duce ejusdemque conjugis precibus, consortim ad senatoriam senatus Taurini, tum etiam consiliarii privati consilii, dignitatem promotus fuit.

Cujus uxore defuncta, secundas cum filia domini Guerilli, antea consiliarii regii Taurini, contraxit nuptias; a qua duos sustulit filios.

Tandem, febre continua correptus, peponum cibo (ut ferebatur), quo revera delectari solebat, plus æquo sumpto, in convivium a domino a Monte Forti (4) utique ducis consiliario accersitus, sub mense septembri, anno millesimo quingentesimo sexagesimo quinto, Taurini vita functus est vir ille, philosophus maximus, jurisconsultus clarissimus, poeta candi-

(1) Du Buttet, auteur d'une *Histoire d'Emmanuel Philibert*.

(2) L'Université de Mondovi.

(3) Plus tard, une main étrangère a rayé le mot « Menochio » pour y substituer Craveta.—Aymon Cravetta de Savilian ou a Savigliano (Guichenon, *Histoire de la maison de Savoie*. Lyon, 1660. T. 1, p. 678) est auteur de plusieurs ouvrages de Droit, *Consilia, Tractatus varii, Prælectiones ad Digesta*. (Catalogue de la Bibliothèque de Grenoble, nᵒˢ 6382, 6407, 6029).

(4) Louis Oddinet de Montfort, conseiller d'État, et premier président à la Chambre des Comptes de Savoie. (V. M. Burnier, *Histoire du Sénat de Savoie*, t. I, p. 419. 1864.)

datissimus, ut pro testimonio ejus opera sunt, relictis uxore illa secunda et utriusque thori filiis, quibus ob patris merita, ad humanarum divinarumque litterarum studia, dux ejusque conjux, constitutis pensionibus, missis et provectis : Manfredus, dignissimus in senatu Taurinensi senator et privati ducis consilii consiliarius assumptus fuit ; Perottus, sacræ theologiæ doctor, prædicator apud Mediolanos doctissimus, et attentissimus suasor ; Jantetus, medicinæ doctor Taurini, mathematicæ professor dignissimus habetur.

Quæ vera esse attestatur Stephanus Catinius, J. U. doctor Camberianus, Anthonii Goveani a primis jurisprudentiæ studiis Gratianopoli, tum in Monte-Regali auditor et discipulus, dum vita fungeretur primus.

Steph. CATINIUS.

Caen, imp. F. Le Blanc-Hardel.

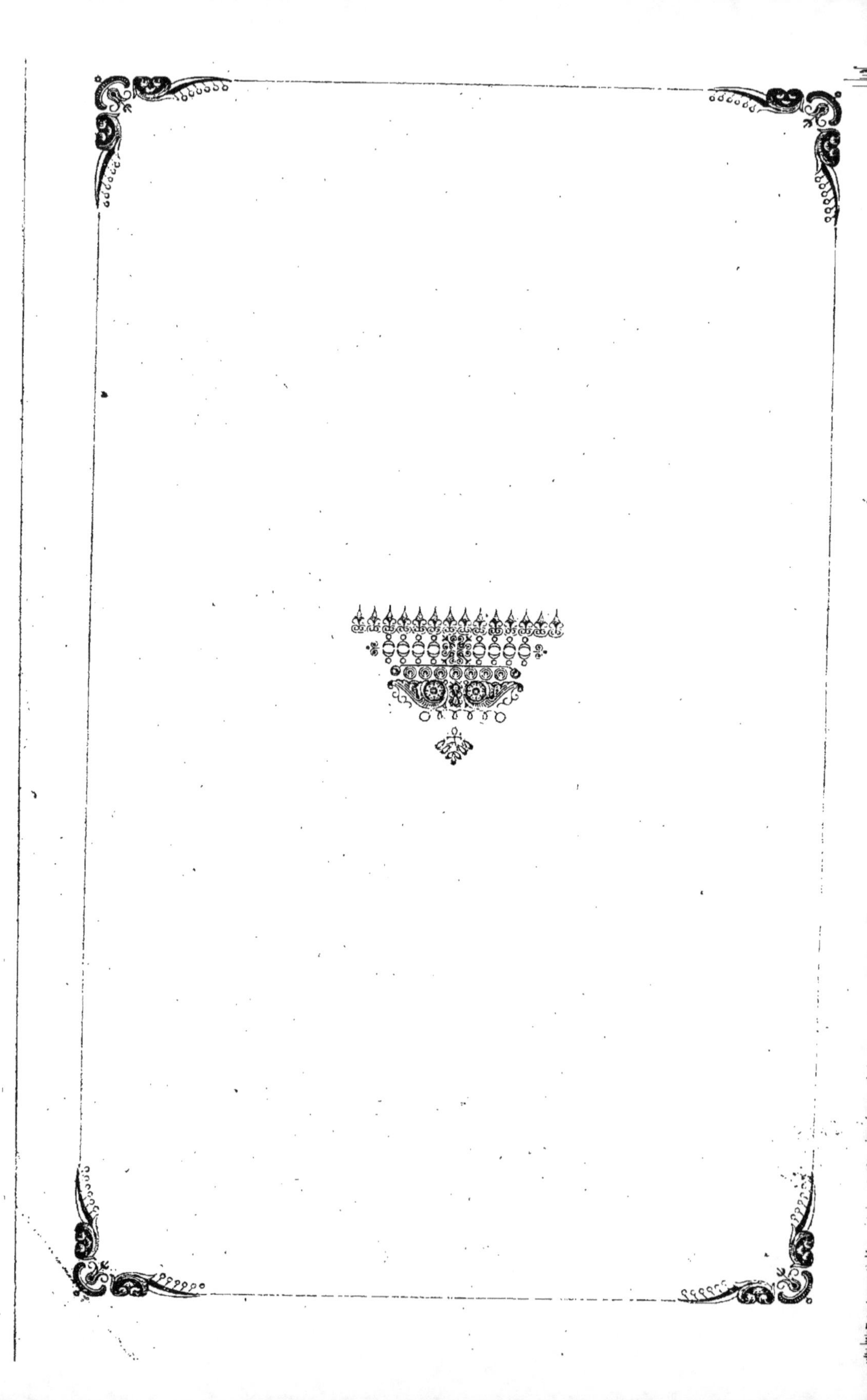